❶ 세계 7대 불가사의

꼴뚜기 비밀 요원을 찾아라!

헝그리 토마토 글·배리 애블렛 그림
신수진 옮김

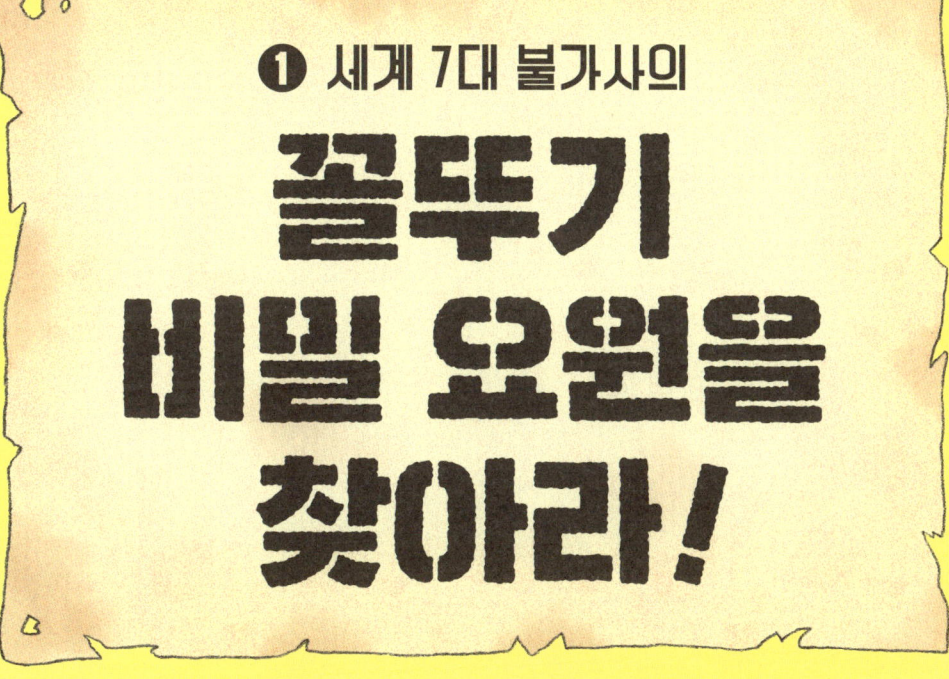

차례

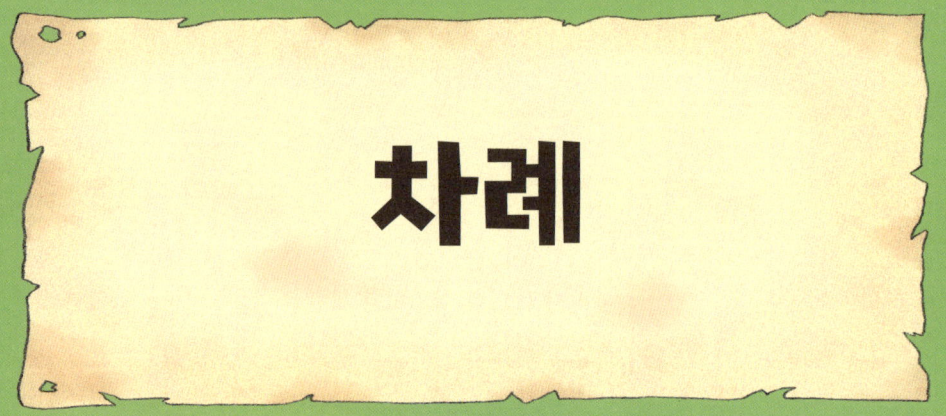

4 소개합니다

14 치첸이트사

6 콜로세움

10 기자의 피라미드

18 자금성

22 마추픽추

34 한눈에 보이는 세계 지도

36 이건 몰랐죠?

26 이스터섬

38 정답

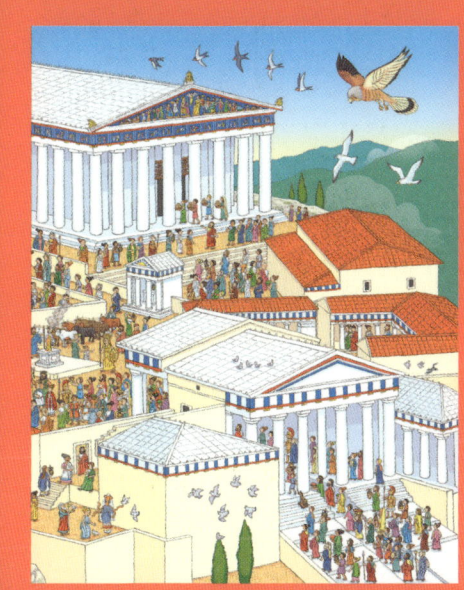

30 아크로폴리스

소개합니다

변장의 달인 꼴뚜기 비밀 요원을 찾아보세요!
탁 트인 곳에서도 감쪽같이 숨어 있고요,
온갖 장난을 치고 다니지만 좀처럼 들키지 않는답니다.

비밀 임무

이제부터 여러분은 꼴뚜기 요원과 함께 비밀 임무를 수행할 거예요.
전 세계의 불가사의를 탐험하면서 역사를 파헤치는 일이랍니다!
불가사의한 옛 문명이 최고의 전성기를 누리던 시절로 시간을
거슬러 여행해 봅시다. 꼴뚜기 요원과 함께 신기한 건축물도
구경하고, 몰랐던 사실도 알아가며 신나게 탐험을 즐겨요!

새로운 장소마다 꼴뚜기 요원 **10명**이 감쪽같이 위장해 숨어 있어요. 꼴뚜기 요원을 찾으면서 주변을 꼼꼼히 둘러보세요. 재미난 볼거리가 수도 없이 많답니다.

영 못 찾겠다고요? 38~39쪽을 보면 우리가 어디 숨어 있었는지 알 수 있답니다.

탐험은 계속됩니다

비밀 임무를 수행한 뒤 페이지를 한 장 넘기면 그곳에 대한 다양한 정보가 실려 있어요.

콜로세움

콜로세움은 로마 제국에서 가장 크고 유명한 경기장이에요. 5만 명이나 들어갈 수 있죠. 로마 사람들은 서기 72년 무렵에 콜로세움을 짓기 시작했어요. 서기 80년에 문을 열었는데, 그해 전부 합쳐 무려 100일이나 경기를 치렀다네요.

바닥 문

콜로세움 바닥에는 뚜껑처럼 생긴 32개의 문이 있었어요. 문 아래에는 승강기가 있었는데, 동물과 검투사는 그걸 타고 올라와 경기장에 모습을 드러내곤 했습니다. 아유, 깜짝이야!

용감한 검투사

검투사란 관객들 앞에서 결투를 벌여 볼거리를 제공하던 고대 로마 시대의 직업이에요. 보통 노예나 죄수 출신이었죠. 아주 위험한 직업이라 싸우다 죽는 사람도 많았답니다.

황제의 자리

황제는 경기가 가장 잘 보이는 특별석에 앉았어요. 검투사를 죽일지 살릴지, 마지막 운명을 결정하는 권한도 황제에게 있었습니다.

신분에 따른 자리

경기장에 가까운 좋은 자리는 부자나 권력자가 독차지했어요. 그렇다면 가난한 사람은 어디 앉았을까요? 가장 높은 열, 그러니까 가장 먼 곳에 앉아 경기를 관람해야 했지요.

이국적인 동물들

콜로세움의 동물들은 수레를 끌기도 하고, 서커스도 하고, 결투 경기를 위해 훈련을 받기도 했어요. 만약 악어, 사자, 곰, 코끼리 같은 동물이 여러분을 향해 달려온다면 어떨까요? 상상만으로도 아찔하지 않나요?

거대한 조각상

거대한 조각상이 콜로세움 바깥에 서 있었어요. 로마 제국의 황제였던 네로의 모습이라는 말도 있고, '솔'이라는 태양신의 모습을 본떴다는 설도 있죠. 실제로 보고 싶다고요? 아쉽게도 옛날 옛적에 파괴되었답니다.

무대 뒤편

콜로세움 지하에는 복도와 방이 길게 늘어서 있어요. 결투를 앞둔 동물들과 검투사들이 대기하는 곳이죠.

해 가림막

콜로세움에는 '벨라리움'이라는 거대한 가림막이 있었어요. 햇빛을 가리고 그늘을 만들어 관객을 보호하는 역할을 했습니다. 평소에는 지붕에 돌돌 말아 두었다가 필요할 때 펼쳐서 설치했죠.

기자의 피라미드

고대 이집트의 왕을 파라오라고 한답니다. 피라미드는 파라오를 기념해서 지은 파라오의 무덤이에요. 이집트 기자 평원에 있는 거대 피라미드는 그중에서도 아주 오래되고 규모가 큰 피라미드예요. 기원전 2560년에서 2540년까지 파라오 자리에 있던 '쿠푸'를 위해 만들었죠.

누가 지었을까?

피라미드를 세우는 건 무척 힘든 작업이라 이집트 사람들은 경사로, 계단, 도르래를 이용해 커다란 돌덩어리들을 옮겼어요. 사실 유물을 연구하는 고고학자들도 어떤 방법으로 피라미드를 지었는지 정확히는 모릅니다. 그저 다양한 이론을 내세워 추측할 뿐이죠.

피라미드의 원래 색깔

피라미드가 원래 흰색이라는 사실, 알고 있었나요? 반짝거리는 흰색 석회석을 발라 표면을 매끄럽게 마무리하고, 꼭대기 부분만 금으로 덮어씌운 거랍니다.

숨겨진 비밀 무덤

거대 피라미드 안에는 복도와 묘실이 쭉 이어져 있습니다. 파라오 쿠푸는 '왕의 묘실'이라 불리는 곳에 묻혀 있었대요. 하지만 쿠푸의 미라는 발견되지 않았어요. 아마 도굴꾼이 가져가 버린 게 아닐까 싶어요.

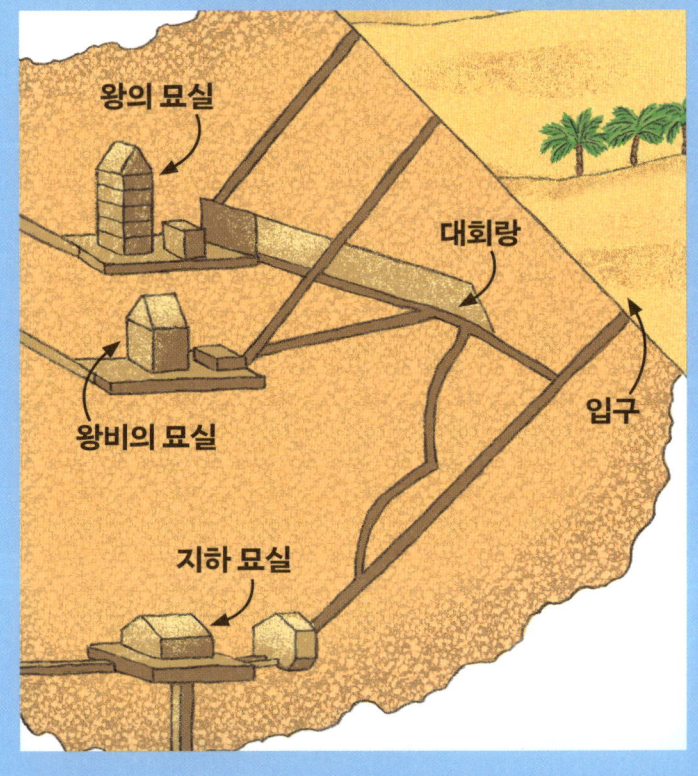

거대 스핑크스

스핑크스는 신화 속 동물로, 머리는 사람 같고 몸은 사자 모습이에요. 기자의 거대 스핑크스는 피라미드를 지키는 수호 동물이자 세계에서 가장 크고 유명한 조각품입니다.

파라오의 수염

파라오는 보통 긴 수염을 달고 있었어요. 하지만 아마 가짜였을 겁니다. 심지어 최초의 여자 파라오인 '핫셉수트'도 가짜 수염을 달고 있었어요!

마지막 항해

피라미드 주변 구덩이를 파 보니, 배 몇 척이 묻혀 있었어요. 파라오를 태우고 사후 세계로 가려는 목적이었던 것 같아요.

봉인된 미라

파라오가 죽으면 시체를 미라로 만들었어요. 가장 먼저 하는 일은 코에 갈고리를 넣어 뇌를 빼내는 것이었죠. 으, 징그럽죠? 미라는 파라오의 모습을 본떠 만든 관에 담았습니다.

신비한 문자와 그림

이집트에서는 글을 적을 때 상형 문자를 썼어요. 그림과 기호를 이용해 단어와 문자를 만들었죠. 사원과 무덤의 돌벽에 잔뜩 새겨져 있답니다.

치첸이트사

치첸이트사는 멕시코 유카탄반도에 있는 거대한 도시예요. 고대 마야 사람들이 만들었고, 서기 600년에서 1200년 사이에 번영을 누렸죠. 치첸이트사 유적에는 마야 사람들의 과거를 보여 주는 증거가 숱하게 남아 있습니다.

화려한 옷차림

마야에서 중요한 일을 맡은 사람은 축제나 모임에 나갈 때 화려한 장식으로 옷과 머리를 꾸몄어요. 자기가 얼마나 강력한지 보여 주기 위해서죠.

거대 피라미드

고대 이집트 사람들만 피라미드를 만든 건 아니랍니다. 여기 '엘 카스티요'처럼 마야에도 피라미드가 있었어요. 마야 피라미드는 옆면이 계단으로 되어 있고 꼭대기는 평평하게 생겼어요. 엘 카스티요의 계단은 모두 365개로, 1년을 뜻합니다.

비밀의 방

엘 카스티요 내부에는 왕좌의 방이 숨겨져 있어요. 그 안에는 재규어 모양 왕좌도 있고, '차크몰'이라는 반쯤 누운 자세의 조각상도 있답니다. 차크몰은 가슴에 그릇을 하나 품고 있는데, 신들에게 바치는 제물을 여기에 담았습니다.

뱀 머리 계단

북쪽 계단 난간의 뱀 머리 장식 두 개는 깃털 달린 뱀 신 '쿠쿨칸'을 표현한 거예요. 엘 카스티요는 쿠쿨칸에게 바친 피라미드랍니다!

피의 축제

종교 의식이나 축제를 진행할 때는 이렇게 생긴 무대를 이용했습니다. 보통은 동물을 죽여서 제물로 바쳤는데, 인간이 희생될 때도 있었대요! 무시무시하죠….

허름한 집

공들여 지은 사원과 달리, 마야 사람들의 집은 작고 소박했답니다. 진흙과 나무를 사용해 지었고, 지붕은 짚을 이어 만들었죠. 부자나 상류층 사람들은 돌집에 살기도 했대요.

마야인의 공놀이

마야인도 공놀이를 좋아했어요. 돌로 만든 고리에 고무공을 통과시키면 점수를 얻었죠. 선수들은 무릎, 팔꿈치, 엉덩이로만 공을 움직여야 했답니다. 스포츠이면서도 일종의 종교 의식이었다고 하네요.

VIP석

재규어 사원에서는 공놀이 경기장이 한눈에 굽어보입니다. 아마 지위가 가장 높은 사람이 여기서 공놀이를 구경했던 것 같아요.

자금성

중국 베이징에 있는 자금성은 황제가 사는
궁궐 목적으로 지었어요. 1420년에서 1924년까지
총 24명의 황제가 여기 살았답니다.
안에는 수많은 건물과 사원, 안뜰과 정원이 있어요.

청동 사자상

자금성 안의 태화문 앞은 두 마리의 청동 사자가 지키고 있어요. 중국에는 중요한 건물 정면에 사자 조각상을 세우는 전통이 있거든요. 사자상이 그 건물에 닥칠 위험을 막아 준다고 믿었기 때문입니다.

황제만의 출입구

중앙 출입구인 남쪽 문 중에서도 가운데 문은 오직 황제만이 드나들 수 있었습니다.

태화문

자금성의 바깥 정원으로 나갈 수 있는 공식 출구는 태화문이에요. 태화문 안에 있는 태화전은 원래 황제와 신하들이 아침 회의를 하는 곳이었는데, 나중에는 결혼식을 비롯한 기념식을 치르는 장소로 쓰였습니다.

중국식 축구

'축국'은 축구와 비슷한 중국의 전통 공놀이예요. 발로 공을 차서 그물에 난 구멍으로 공을 집어넣으면 점수를 얻는 경기입니다.

해시계

이 커다란 해시계는 시간을 알려주는 장치예요. 낮 동안에는 '규'라고 불리는 철침이 그림자를 드리우는데, 이 그림자가 태양의 움직임에 따라 시계처럼 눈금판을 돈답니다.

황제의 자리

태화전에는 용으로 화려하게 장식된 자리가 있어요. 행사와 기념식을 치를 때 황제가 앉는 자리죠. 이 옥좌는 커다란 자금성 중에서도 완전 한가운데에 자리 잡고 있습니다.

물길을 따라서

'금수하'는 자금성을 가로질러 흐르는 인공 하천이에요. 대부분의 건물을 나무로 지은 자금성에서 이 물은 화재를 막는 데 유용했답니다.

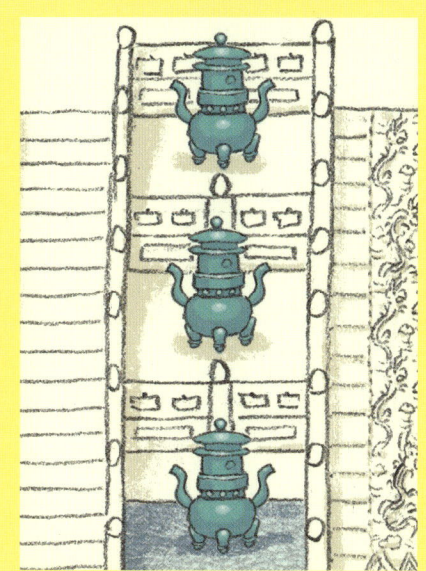

은은한 향기

태화전 계단에는 커다란 청동 향로가 놓여 있어요. 중국 문화권에는 종교 행사나 예식에서 향을 피우는 오랜 전통이 있답니다.

마추픽추

페루의 고산지대에는 마추픽추라는 놀라운 요새가 있어요. 이곳에서 바라보는 경치는 정말 굉장하죠. 서기 1450년 무렵, 잉카 사람들은 엄청난 기술력과 천문학 지식을 바탕으로 이 요새를 지었습니다.

갈대 지붕

잉카 사람들은 풀과 갈대를 나무 기둥에 붙여 지붕을 만들었습니다.

산속의 왕

'파차쿠티'는 1438년에서 1471년까지 잉카 제국의 황제였어요. 파차쿠티란 '세상을 바꾸는 사람'이라는 뜻이래요. 많은 고고학자가 마추픽추를 파차쿠티 황제의 궁궐이라 추측하고 있습니다.

영리한 농부들

잉카의 농부들은 계단식으로 밭을 만들어 감자와 옥수수를 길렀습니다. 계단을 큼지막하게 만들면 가파른 언덕에서도 물이 쉽게 빠져 농사가 잘되거든요. 산사태를 예방하는 데도 도움이 되었을 거예요.

예술가와 공예품

잉카 사람들은 아주 솜씨 좋은 예술가이자 장인이었어요. 장신구 같은 공예품뿐만 아니라, 아름답게 장식한 도자기와 화려한 무늬의 직물도 만들었답니다.

잉카의 해시계

'인티와타나'는 해시계 역할을 하는 돌조각이에요. 봄을 알리는 춘분과 가을을 알리는 추분의 정오가 되면, 그림자를 드리우지 않고 태양을 직접 가리킵니다. 그럴 때면 잉카 사람들은 인티와타나가 태양을 붙잡고 있는 거라 믿었던 것 같아요.

전망 좋은 곳

'세 창문의 사원'이라는 곳에는 이름처럼 커다란 창문 3개가 나 있어요. 그 창으로 내다보면 주변 산들이 마치 액자 안에 들어 있는 것 같죠. 사원 아래에서는 부서진 도자기 조각이 여럿 발견되었는데, 아마도 종교 의식을 올리던 중에 부서진 것 같습니다.

태양 숭배

태양신 '인티'는 잉카에서 가장 중요한 신이에요. 태양을 향해 올리는 의식은 '태양의 사원' 이라는 저 반원형 건물에서 치렀답니다.

동물 도우미

라마와 알파카는 잉카 사람들이 기르는 중요한 가축이었어요. 곳곳에 물건을 실어 나르는 데도 유용했고, 고기와 젖을 먹기도 했습니다. 알파카의 털은 두껍고 부드러워서 옷과 옷감을 만드는 데 사용했어요.

이스터섬

이스터섬의 원래 이름은 '라파 누이'예요. 모아이라는 거대한 석상이 섬 곳곳에 흩어져 있는 것으로 유명합니다. 1250년에서 1500년 사이에 라파 누이 사람들은 무려 900개가 넘는 석상을 조각했다고 해요.

웅장한 모아이상

화산암으로 만든 모아이는 주로 '아후'라는 돌 받침 위에 서 있어요. 어떤 모아이는 머리에 상투처럼 생긴 '푸카오'라는 빨간 모자를 쓰고 있기도 하죠. 고고학자들은 위대한 조상과 통치자를 기리며 모아이로 조각한 게 아닐까 하고 추측합니다.

농작물 보호

'마나바이'라는 돌담 안에서 작물을 기르기도 했어요. 돌담이 섬의 강한 바람으로부터 식물을 보호해 주었죠.

도대체 어떻게 옮긴 걸까?

섬을 둘러싸고 있는 모아이를 어떻게 옮겼는지는 여전히 미스터리예요. 70톤이 넘을 만큼 엄청나게 무거운 것도 많거든요. 아마도 밧줄, 나무 썰매, 지렛대, 흙이나 돌로 만든 경사로 등 온갖 도구를 다 동원해 움직이지 않았을까 싶어요.

야외 장례식

라파 누이 사람들은 시신을 어떻게 처리했을까요? 식물로 만든 천을 사용해 감싼 뒤 완전히 썩을 때까지 야외에 놔두었답니다. 그 뼈는 아후 안의 함에 묻었고요. 장례식을 진행하는 동안에는 노래를 부르고 춤을 추면서 큰 잔치를 벌였습니다.

보디페인팅

라파 누이 사람들은 보디페인팅과 문신으로 몸을 장식했어요. 신령하고 종교적인 뜻을 담았던 것 같아요. 부족 내에서 신분이나 지위를 나타내는 표시이기도 했을 거예요.

아우트리거 카누

이곳에 처음 정착한 사람들은 큰 배를 타고 도착했을 거예요. 하지만 섬에 나무가 부족한 탓에 라파 누이 사람들이 가진 배는 작은 아우트리거 카누 몇 척이 전부였어요. 아우트리거는 카누 옆에 대는 가벼운 받침대입니다. 카누가 물에 잘 뜨고 균형을 잡을 수 있도록 해 주죠. 낚시할 때는 아주 편리했지만 카누만 타고 먼 바다까지 항해하는 건 무리였습니다.

카누 모양 집

'하레 파엥아'라는 라파 누이의 전통 가옥은 카누를 뒤집어 놓은 것처럼 생겼어요. 입구에 세운 나무 조각상은 조상님과 수호 정령을 상징한대요.

흙 아궁이

라파 누이 사람들은 요리를 할 때 땅을 파서 만든 흙 아궁이를 이용했습니다. 불로 달군 돌 위에 음식을 놓고 바나나잎으로 덮었죠. 오늘날에도 이렇게 요리하는 지역들이 있답니다.

아크로폴리스

아크로폴리스는 아테네시가 내려다보이는 바위 언덕 꼭대기에 있어요. 고대 그리스의 아테네 사람들이 아테네의 힘과 부유를 과시하는 건물이었죠. 신들을 위한 종교적인 장소이기도 했답니다.

뱀 꼬리가 달린 왕?

'케크롭스'는 신화에 나오는 아테네 최초의 왕이에요. 두 다리 대신 뱀 꼬리가 달려 있었다죠. 사람들에게 결혼, 읽기, 쓰기 같은 새로운 것들을 많이 알려줬대요.

파르테논 신전

파르테논 신전은 그리스 여신 아테나에게 바친 거대한 대리석 신전이에요. 아테나 여신은 아테네시를 지키는 여신이었죠. 파르테논 신전은 기원전 438년에 완성되었는데, 건설하는 데 9년이 걸렸다고 합니다. 신전 안에는 금과 상아로 장식한 커다란 아테나 조각상이 있었어요.

전쟁의 여신 아테나

그림 속 큰 동상은 아테나 여신이에요. 페르시아 전쟁에서 아테네가 승리한 일을 기리며 감사하는 마음을 담아 만들었대요. 아테나 여신은 전쟁, 지혜, 예술, 학문의 여신이에요.

위대한 건축가

'익티노스'와 '칼리크라테스'는 고대 그리스의 유명한 건축가예요. 파르테논 신전을 비롯해 아테네의 여러 건축물을 설계한 사람이랍니다.

대규모 축제

아테네에서는 4년마다 '파나테나이아'라는 큰 축제가 열렸어요. 축제 마지막 날에는 아크로폴리스 주변에서 성대한 행진을 펼쳤고, 야외 제단에서는 아테나 여신에게 제물을 바쳤죠. 제물로 바치는 양과 소가 100마리씩이나 되었다네요.

이카루스의 날개

고대 그리스 신화 중에서도 '이카루스'라는 소년의 이야기는 참 안타까워요. 아버지가 만든 날개를 달고 신이 난 나머지 태양 근처까지 날아갔는데, 날개를 붙인 밀랍이 태양열에 녹아 결국 바다에 떨어지고 말았대요.

흥미진진한 연극

연극은 아테네의 문화에서 아주 중요한 부분이었답니다. 배우들이 쓴 가면은 각 인물의 표정과 성격을 잘 보여 주죠.

천둥의 신 제우스

고대 그리스인은 수많은 신이 주위를 돌아다닌다고 믿었어요. 그중 제우스 신은 하늘과 날씨의 신이면서도 다른 모든 신을 다스리는 존재였답니다. 벼락을 무기로 사용하기도 했어요!

한눈에 보이는 세계 지도

정리된 지도로 지금까지 나온 불가사의한 문명들이
어디에 있는지 확인해 봅시다!

북아메리카

치첸이트사
멕시코의 유카탄반도

마추픽추
페루의 쿠스코 부근

남아메리카

이스터섬
칠레 앞바다

이건 몰랐죠?

꼴뚜기 요원을 찾으며 혹시 또 발견한 게 있나요?
여러분이 지금까지 놓쳤을지도 모르는
신기하고 재밌는 부분들을 함께 살펴봅시다.
미처 몰랐다면 앞으로 돌아가서
다시 한번 확인해 봐도 좋아요!

콘도르

콘도르는 잉카인에게 중요한 동물이었어요. 신들의 심부름꾼이라고 믿었거든요. 마추픽추의 사원 바닥을 보면 콘도르 머리 모양으로 조각한 바위가 있답니다.

22~23쪽에서 찾아볼 수 있어요!

콘수

고대 이집트 사람은 수천 명의 신이 존재한다고 믿었어요. 이 신은 달의 신 '콘수'랍니다. 매의 머리를 한 모습으로 나타나곤 했죠.

10~11쪽에서 찾아볼 수 있어요!

눈은 어디 갔지?

오늘날 이스터섬의 모아이를 보면 대부분 눈이 없어요. 하지만 가끔씩 눈이 달려 있는 것들도 있답니다! 전체 조각을 완성하고 정해진 위치로 옮긴 뒤, 마무리 작업으로 눈이 들어갈 자리를 팠다고 해요. 조개껍데기와 산호로 만든 눈을 붙였고요.

26~27쪽에서 찾아볼 수 있어요!

쿠쿨칸

쿠쿨칸은 깃털이 달린 뱀 신으로, 치첸이트사의 엘 카스티요 사원에 모셔져 있습니다. 마야 사람들은 쿠쿨칸이 세상을 창조했다고 믿어요.

14~15쪽에서 찾아볼 수 있어요!

그물 검투사

'레티아리우스'라는 검투사는 어부들이 쓰는 그물을 가지고 싸웠어요. 특이하죠? 추가 달린 그물, 삼지창, 단검을 무기로 사용했대요.

6~7쪽에서 찾아볼 수 있어요!

연

옛날 중국 군대는 연을 활용해서 메시지를 보내고 거리를 측정했습니다. 심지어 무기를 운반하기도 했어요. 청나라 왕조가 멸망한 1912년 이후로는 주로 놀잇감으로 이용되죠.

18~19쪽에서 찾아볼 수 있어요!

메두사

메두사는 그리스 신화에 나오는 머리카락 한 올 한 올이 모두 뱀인 여인이에요. 메두사의 눈을 보면 누구든 돌로 변해 버린답니다!

30~31쪽에서 찾아볼 수 있어요!

정답

드디어 대망의 정답 확인 시간!
숨어 있는 꼴뚜기 요원들을
모두 찾았나요?

치첸이트사 14~15쪽

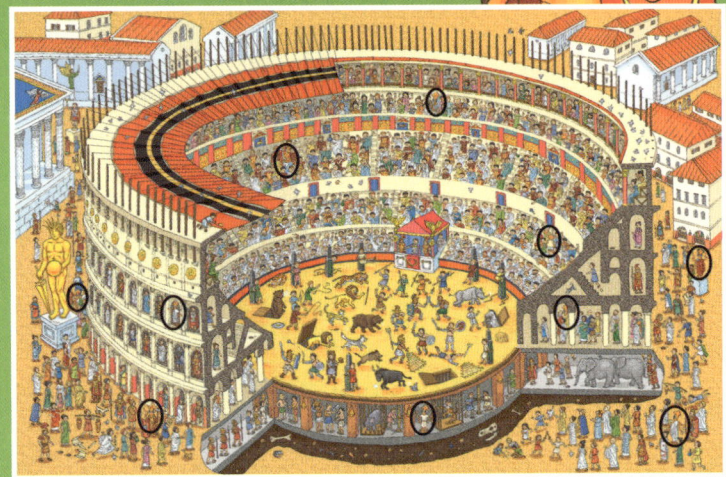

콜로세움 6~7쪽

기자의 피라미드 10~11쪽

자금성 18~19쪽

마추픽추 22~23쪽

이스터섬 26~27쪽

아크로폴리스 30~31쪽

우리 요원들은 저 동그라미 안에 꼭꼭 숨어 있었답니다!

그린이
배리 애블렛 Barry Ablett

영국의 러프버러대학교에서 일러스트레이션을 공부한 일러스트 작가예요.
20년 넘게 수많은 종류의 그림을 그려 왔답니다. 연하장에 들어갈 그림을 그리는 일부터 시작해서,
이후로 동화, 팝업북, 그림책을 비롯해 50권이 넘는 어린이 책에 그림을 그렸어요.
그림을 그릴 때는 늘 종이에 연필로 먼저 밑그림을 그린 뒤, 컴퓨터로 색칠을 한답니다.

옮긴이
신수진

한국외국어대학교 영어과를 졸업한 뒤 오랫동안 어린이책 편집자로 일했어요.
지금은 제주도에서 프리랜서 번역가이자 시민교육 활동가로 일하면서, 성평등 어린이책을 선정해
『오늘의 어린이책』으로 펴내는 '다움북클럽' 편집위원으로 활동하고 있어요.
옮긴 책으로는 '나무 집 시리즈' '내 친구 스누피 시리즈' '배드 가이즈 시리즈' 등이 있어요.

꼴뚜기 비밀 요원을 찾아라!
❶ 세계 7대 불가사의

펴낸날 초판 1쇄 2023년 5월 5일
지은이 헝그리 토마토
그린이 배리 애블렛
옮긴이 신수진
펴낸이 이주애, 홍영완
편집장 최혜리
편집1팀 김혜원, 양혜영, 김하영
편집 박효주, 장종철, 문주영, 홍은비, 강민우, 이정미, 이소연
디자인 김주연, 박아형, 기조숙, 윤소정, 윤신혜
마케팅 연병선, 김태윤, 최혜빈, 정혜인
해외기획 정미현
경영지원 박소현
펴낸곳 (주)윌북 출판등록 제 2006-000017호
주소 10881 경기도 파주시 광인사길 217
전화 031-955-3777 팩스 031-955-3778 홈페이지 willbookspub.com
블로그 blog.naver.com/willbooks 포스트 post.naver.com/willbooks
트위터 @onwillbooks 인스타그램 @willbooks_pub
ISBN 979-11-5581-603-5 77900
　　　979-11-5581-607-3 (세트)

· 책값은 뒤표지에 있습니다.
· 잘못 만들어진 책은 구입하신 서점에서 바꿔드립니다.

윌북주니어는
윌북의 어린이 브랜드입니다.

Secret Squid's Wonders of the World

ⓒ 2022 by Hungry Tomato Ltd.
First published 2022 by Hungry Tomato Ltd.
All Rights Reserved.

Korean translation ⓒ 2023 by Will Books Publishing Co.
Korean translation rights arranged with Hungry Tomato Ltd
through EYA Co.,Ltd

이 책의 한국어판 저작권은 EYA Co.,Ltd를
통해 Hungry Tomato Ltd와 독점 계약한 (주)윌북이 소유합니다.
저작권법에 의하여 한국 내에서 보호를 받는 저작물이므로
무단 전재 및 복제를 금합니다.

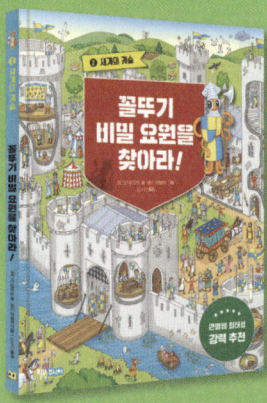

여기서 끝이 아니랍니다!
비밀스러운 성에서 전투와 파티가 벌어지는
시끌벅적 캐슬 대탐험도 함께 떠나요!